我是未来科学家
THE YOUNG SCIENTIST

主　编 —— 袁岚峰
执行主编 —— 张周项

改写生命的神奇剪刀

叶　盛 —— 著
李筱甜 —— 绘

CTS 湖南科学技术出版社 · 长沙

推荐序

亲爱的孩子们，当我翻开《我是未来科学家》这套书时，我仿佛看到了科学的无限可能，也看到了你们充满好奇和渴望知识的眼睛。科学，是一场永无止境的探险。小时候在乡村的生活，让我受到了大自然的熏陶和感染，对科学好奇的种子或许那时就已经萌发。然而，我的科学之旅，可以说是一本《化石》杂志开启的。那是我在高中时期，一次偶然的机会，班主任为我们订阅了这本杂志，它让我第一次近距离接触到地球与生命科学的世界。在科研的道路上，我经历了不少的挑战与困难，但我始终保持着那份对科学的好奇与热爱。

在 21 世纪的今天，科学的发展日新月异，科学不仅仅是实验室里的研究，它更是推动社会进步、改善人类生活的强大力量。前沿科学代表着科技发展的最先进部分，是推动社会进步和持续发展的重要力量。普及前沿科学，对于提高公众的科学素质、培养孩子的科学精神和创新意识具有重要意义。它不仅能够拓宽你们的科学视野，还能够激发你们对未知世界的探索欲望，为未来的科技创新储备人才。

这套书，就像是一扇通往科学世界的窗户，让你们能够窥见前沿科技的魅力。在《我是未来科学家》中，10位专家为孩子们呈现了人工智能、生命科学、能源开发、量子科技、虚拟世界、太空探索等10个领域的最新技术及原理、实际应用以及改变世界的力量，讲述了科学家奋斗的艰辛历程。这套书不仅展示了科技的巨大潜力，也为我们指明了未来发展和前进的方向。孩子们将在书中感受到，科学并非遥不可及，而是就在我们的生活中，只要我们用心去发现，就能找到它的踪迹，激励我们去追寻那些尚未被揭示的科学奥秘，去挑战那些看似不可能的问题。

孩子们，你们是科学的未来，是国家的希望。期待你们在阅读这套书的过程中，能够感受到科学的魅力，激发起对科学的热爱和追求。希望你们保持对科学的好奇心，勇于挑战未知，成为未来的科学家和创造者。

最后，我要感谢这套书的编创团队，他们用生动的语言和精彩的故事，为大家描绘了一个充满奇幻和奥秘的科学世界。我相信，在这套书的陪伴下，你们一定能够放飞科学的梦想，探索未知、创造未来！

中国科学院 周忠和

种下葵花籽，就能长出向日葵，向日葵成熟后又能结出新的葵花籽。对于这种生命的轮回，老百姓常用“龙生龙，凤生凤，老鼠的孩子会打洞”来形容。而生物学家对此则有一个专门的说法——遗传。

我小时候曾经在院子里种过几株向日葵。只需把买来的生葵花籽种在地里，浇点水，很容易就能长出高高的向日葵。

到了秋天，每个向日葵的花盘里都挤满了葵花籽，跟外面卖得一模一样。

自古以来，人类就懂得利用遗传来延续大自然的馈赠，比如各种农作物和各种家禽家畜。

人类也一直想要改变生命的形态。我们期望让马跑得更快，让水稻结出更多的稻米，让狗变得更温顺、更听话。

那人类过去是如何改变生命的呢？

未来又将如何做呢？

首先让我们回到历史中，来到 19 世纪中叶的英国，这里的上层社会非常热衷于一项活动——养鸽子。

他们不仅饲养鸽子，还会通过杂交来培育出长相新奇或者有着独特本领的鸽子，有些甚至看起来根本就不像鸽子了。

在这些养鸽者当中有一位非常热衷于此的科学家，名叫查尔斯·达尔文。不过，他的热情并不仅来自展示鸽子（培育成果）时的成就感，更来自他对这种人工培育过程的痴迷。

因为这些鸽子身上发生的变异现象，与他年轻时观察到的另一种鸟类身上的变异现象非常相似。

达尔文年轻时跟随一艘名叫“小猎犬号”的考察船进行环球航行，并带回了很多动植物标本，其中就包括在东太平洋的一片群岛上捕获的不同鸟类。然而英国鸟类专家的分析结果却让达尔文大吃一惊。

原来，这些看起来形状、大小差异显著的鸟类竟然是亲缘关系非常接近的物种，它们后来直接被命名为“达尔文地雀”。

达尔文敏锐地把这些自然发生的变异现象与人工养育的变异鸽子联系到了一起，并最终建立了一个伟大的生物学理论——进化论。

他认为，生命体的子代与父代并不一样，多少会存在一些差异。当面临环境选择或是人工选择的压力时，子代当中更适应环境的个体或是被人工选中的个体，才有更大的机会生存下来。

经过一代又一代的累积，小小的变异“积少成多”，甚至可能让生命体变得与其祖先完全不同了。

进化论

达尔文创立的进化论又被译为演化论，是生命科学领域重要的基础理论。后经过一个半世纪的发展，其整体正确性依然得到了广泛证实。如今的古生物学、进化生物学、基因组学、结构生物学、人工育种等众多生物学分支都以进化论为基本法则。毫无疑问，地球上的生命是自然界不断进化的产物，而非神明或其他高等智慧所创造。

达尔文把进化论的证据、推理以及最终的理论写成了一本书——《物种起源》。这本书在1859年出版后引发了巨大的反响，有赞同者，也有反对者。

达尔文自己也意识到，在他的理论中还有一些问题没有得到解决，比如：生命体遗传时会发生变异，但究竟是什么东西发生了改变呢？

当时，他忙于应付《物种起源》给他带来的各种烦扰，却忽略了一封来自捷克的信，而那封信原本很有可能给他答案。

来自捷克的这封信实际上是一篇论文，作者是格雷戈尔·孟德尔。孟德尔是一位修道士， 同时也是一位货真价实的科学家，他曾经在欧洲最好的维也纳大学接受过系统的科学教育。

在他学成回到修道院后，决定保持自己在大学里的研究兴趣，继续探索遗传的规律。

在修道院里养老鼠？

修道院院长觉得这个主意实在不妥。于是，孟德尔决定改用豌豆作为材料来研究遗传的规律，这可不像种几株向日葵那样简单。

最终，历经 7 年，孟德尔种植了 2.8 万株豌豆苗，并统计了 4 万朵豌豆花的颜色以及将近 40 万颗豌豆的不同性状。通过科学的数据分析，他发现无论是豌豆花的颜色，还是豆子表面的褶皱，都是由某些独立的因素来控制的。

孟德尔称它们为“遗传因子”。

孟德尔的豌豆实验

孟德尔对豌豆的研究是一项工作量巨大的实验。之所以选择豌豆，是因为这种植物是自花授粉，天然地不容易发生杂交。但是做实验时为了实现杂交，孟德尔需要拿着小刷子，小心地打开每一朵花，把不同的花粉刷到雌蕊上。在收获了豌豆之后，他还要手工剥出 40 万颗豌豆，并统计所有豆子的性状，这也是一项辛苦的工作。孟德尔为了找到遗传规律，共研究了豌豆植株的 7 种性状，包括：花的颜色、植株的高矮、开花的位置、豆荚的饱满程度、豆荚的颜色、豆子表面的光滑程度、豆子的颜色。

孟德尔还发现，豌豆里的任何一个遗传因子都存在着两份，我们称之为两个拷贝。豌豆的后代只能从豌豆爸爸和豌豆妈妈那里各获得遗传因子的一个拷贝，从而组合成自己的两个拷贝。

有意思的是，同一个遗传因子的不同拷贝有着不同的“性格”：有的强势，总能显现自己的功能，被称为显性遗传因子；有的弱势，会被显性遗传因子压制，被称为隐性遗传因子。这就是孟德尔发现的“遗传定律”。

可惜的是，孟德尔的发现不仅被达尔文忽视了，而且也被整个科学界忽视了。

直到孟德尔去世多年后，有别的科学家从事类似研究时，才重新发现了孟德尔的论文，并确立了孟德尔作为“遗传学之父”的地位。

孟德尔的遗传定律说明，决定生命体特征的是遗传因子，它正是达尔文进化论中所缺失的那个“发生了改变”的东西。

可问题又来了，遗传因子到底是什么？它又为什么会改变呢？

早在达尔文之前，科学家就已经知道蛋白质对生命至关重要。

在很长一段时间里，大部分科学家都相信遗传因子就记录在蛋白质分子中。

随着研究的深入，孟德尔发表论文数年之后，科学家在细胞核中找到了一种新物质，将其命名为核蛋白。

然而又过了十几年，科学家才意识到这种物质不全是蛋白质，其中包含着大量的酸性成分，于是就将其重新命名为核酸，它包含脱氧核糖核酸（DNA）和核糖核酸（RNA）两种类型。

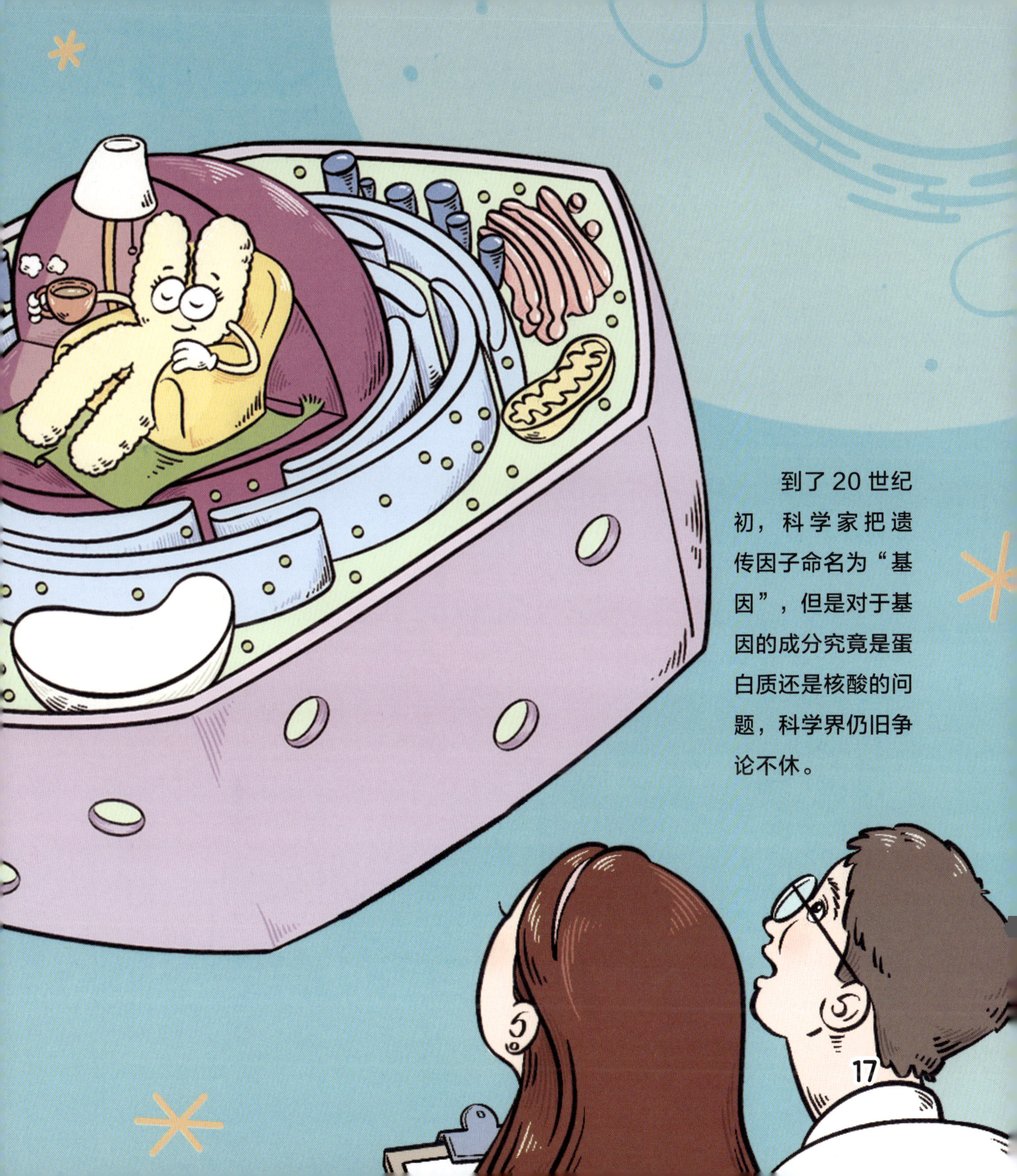

到了 20 世纪初，科学家把遗传因子命名为“基因”，但是对于基因的成分究竟是蛋白质还是核酸的问题，科学界仍旧争论不休。

关键突破来了！科学家发现 DNA 可能是遗传信息的真正载体。

三名年轻的生物物理学家——詹姆斯 · 沃森、弗朗西斯 · 克里克和罗莎琳德 · 富兰克林构建了 DNA 的双螺旋模型证明了这一点，终结了这场争论。

沃森和克里克在《自然》杂志上发表了这一成果，并因此获得了诺贝尔奖。

DNA 的双螺旋模型让一切都解释得通了！

DNA 双链的序列恰好是互补的，它们像“拉链”一样紧密结合。

当细胞需要复制时，DNA 这条拉链就会打开，由专门的蛋白质机器根据两边的单链模板，逐一匹配上对应的碱基，从而每条单链都能重新形成 DNA 双链，并分配到两个新分裂的细胞中。

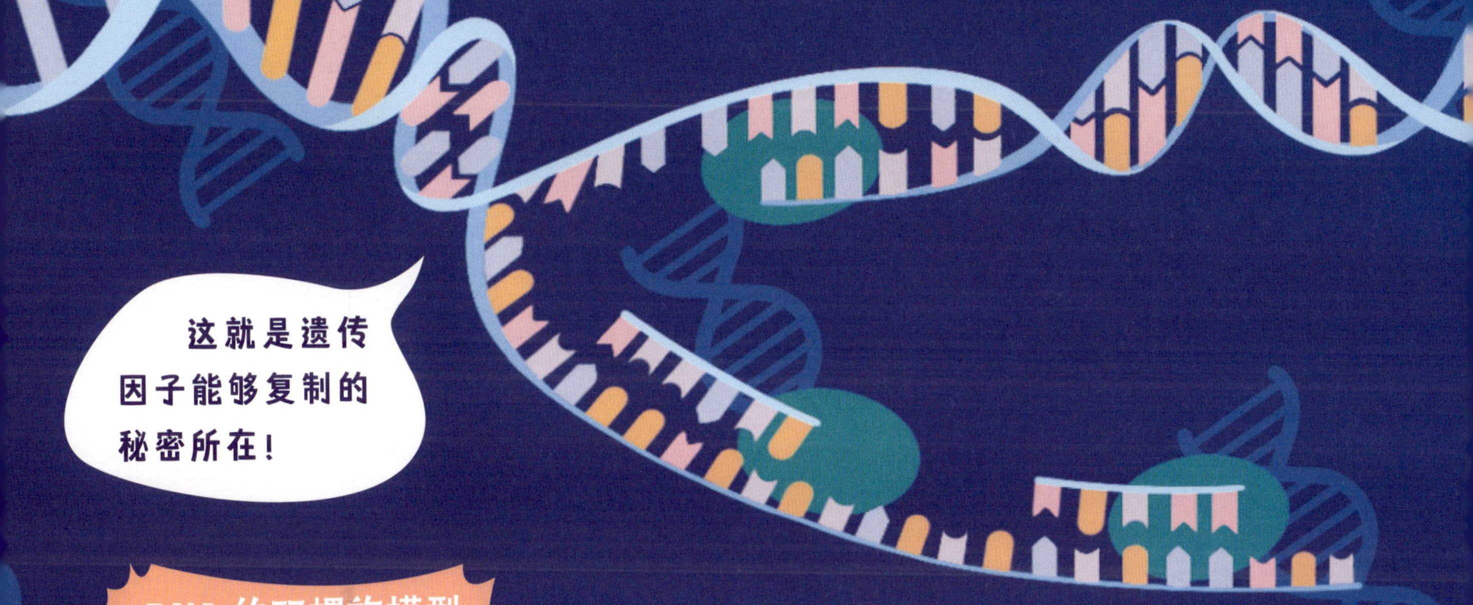

DNA 的双螺旋模型

DNA 在细胞核中主要以 B 型、A 型和 Z 型三种双螺旋形式存在。沃森等人提出的 DNA 结构模型是最常见的 B 型双螺旋。在这个模型中，DNA 就像是一架旋转上升的梯子，两边旋转的主干是由 DNA 的磷酸和核糖部分构成的，而中间水平的阶梯则是由两边伸出来的碱基联接在一起组成。有意思的是，地球上生物体的 DNA 都只使用 4 种碱基，分别缩写为 A、C、G、T，而 A 只会与 T 配对，C 只会与 G 配对。因此，只要你知道了两条螺旋中任意一条的序列，就能推断出另外一条的序列。

不过，生命仅仅有 DNA 还不够。

细胞内还存在另一类核酸分子，叫作 RNA。

细胞会把编码在 DNA 上的基因信息“抄写”（转录）到一条 RNA 分子上，将其送到细胞核外面。这条携带基因信息离开细胞核的 RNA 就叫作“信使 RNA”。

接下来，细胞质里的核糖体就会与信使 RNA 结合，并按照它的编码来合成蛋白质。

那么，导致生命发生改变的变异是如何发生在 DNA 上的呢？

我们都知道，任何机器都有出问题的时候，蛋白质分子组成的“机器”也不例外。细胞核里负责合成新 DNA 链的分子机器叫作 DNA 聚合酶。当这台分子机器的工作出现失误时，新复制的细胞里的 DNA 中就埋藏了变异位点。

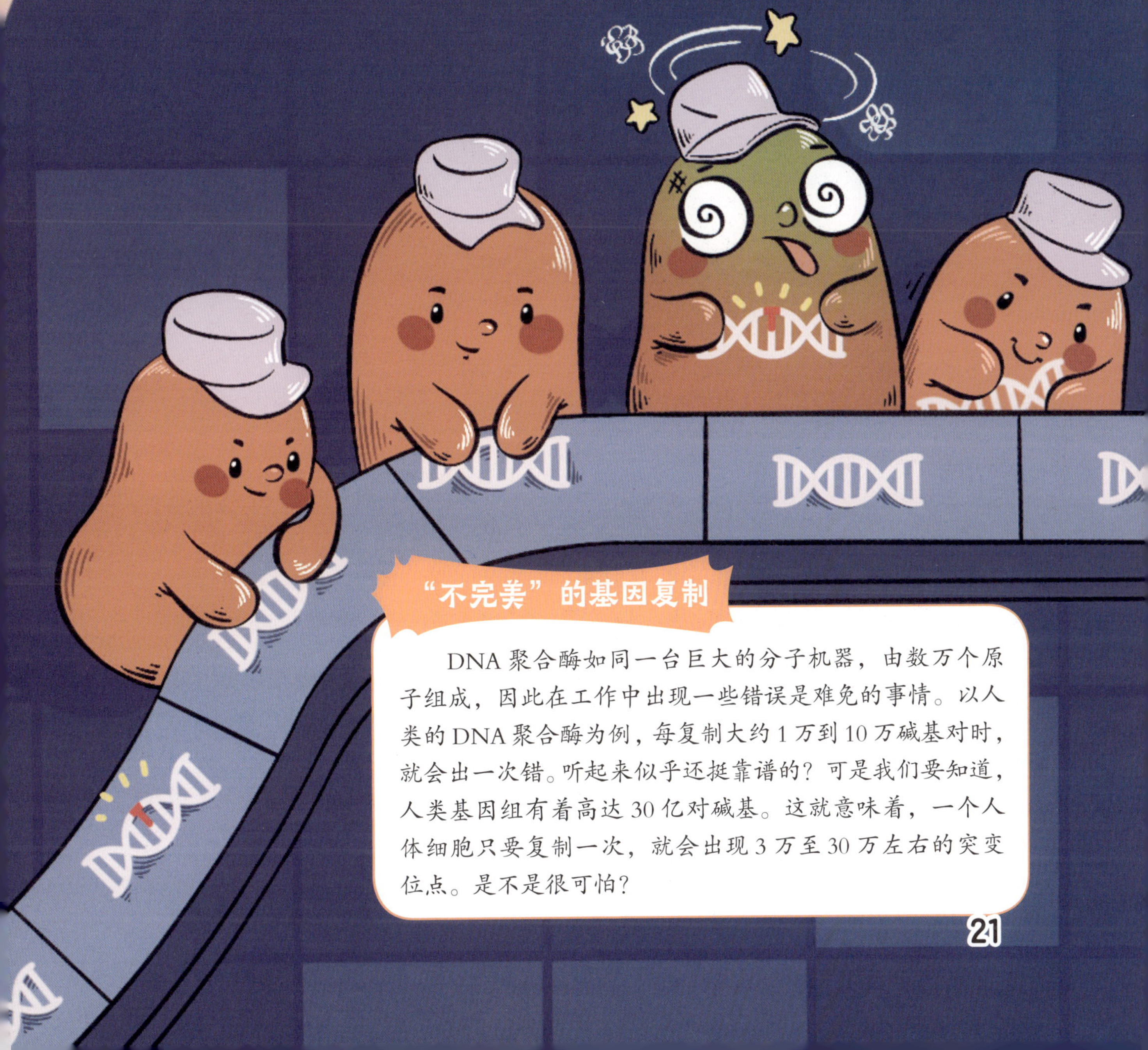

“不完美”的基因复制

DNA 聚合酶如同一台巨大的分子机器，由数万个原子组成，因此在工作中出现一些错误是难免的事情。以人类的 DNA 聚合酶为例，每复制大约 1 万到 10 万碱基对时，就会出一次错。听起来似乎还挺靠谱的？可是我们要知道，人类基因组有着高达 30 亿对碱基。这就意味着，一个人体细胞只要复制一次，就会出现 3 万至 30 万左右的突变位点。是不是很可怕？

更糟糕的是，我们的身体每天还可能会接触到烟、酒等有害化学物质，或是受到不必要的 X 射线辐射照射等，它们都会破坏身体细胞中的 DNA。

这样看来，我们的基因组早就应该变得面目全非了。

然而实际上，幸亏健康的细胞核里还有专门负责修复 DNA 匹配错误的分子机器，才能让我们的基因组整体保持不变。

自然界发生的 DNA 变异就是达尔文没有找到的那个进化源泉，在随机的改变当中，有可能就产生了对新环境的适应性。

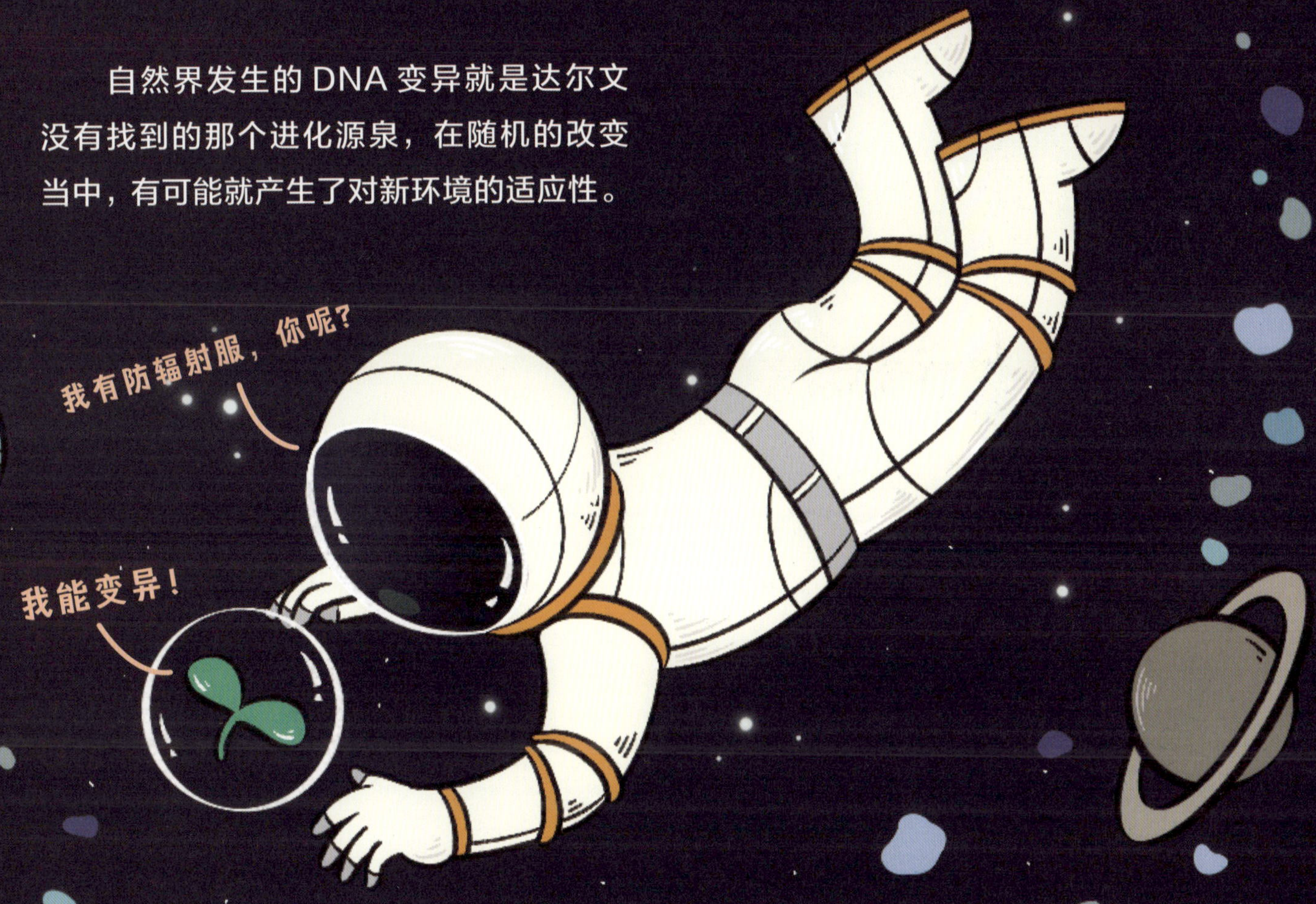

那么用人工的方法可以改变生命的 DNA 吗？

如果不在乎改变的位置和方式，办法早就有了，那就是辐射育种（比如太空育种）等方法。这些方法利用高能射线来随机破坏农作物种子的 DNA，希望能够恰好产生一种具有优良性状的农作物变种。

但是，我们如何才能按照指定的方式来修改 DNA 序列呢？

转机出现在 1983 年，因为凯利 · 穆里斯在这一年发明了聚合酶链式反应技术。

这种技术通过不断打开 DNA 双链结构，再依据模板合成新的 DNA 双链，从而实现了 DNA 的快速扩增。这就好像把细胞核里原本需要几十代生命才能完成的基因复制过程，浓缩在了短短的几十分钟里。

但聚合酶链式反应只是复制原 DNA，怎么改变它呢？科学家发现，在 DNA 双链打开时，在作为新 DNA 链合成起点的引物中引入一些改变，新合成的 DNA 就会跟着变。

于是，科学家有了在试管中改变 DNA 序列的办法。只要把这些改变后的 DNA 送入细胞里，科学家就可以观察基因变化如何影响细胞的行为和特征了。

但是，这种技术还不能用于活着的动物或植物，所以还算不上是真正的“基因编辑”技术。

有趣的是，真正高效的基因编辑方法，竟然是人类从小小的细菌那里学习来的。细菌生活在大自然中，也有自己的敌人——一类叫作“噬菌体”的病毒。

大部分细菌在被噬菌体入侵后，就会按照噬菌体 DNA 上记录的基因指令大量地生产噬菌体的蛋白质，并复制噬菌体的基因组。

当这些部件装配为成千上万的新噬菌体时，细菌细胞就会被撑破，就像是被“撑死”了一样。

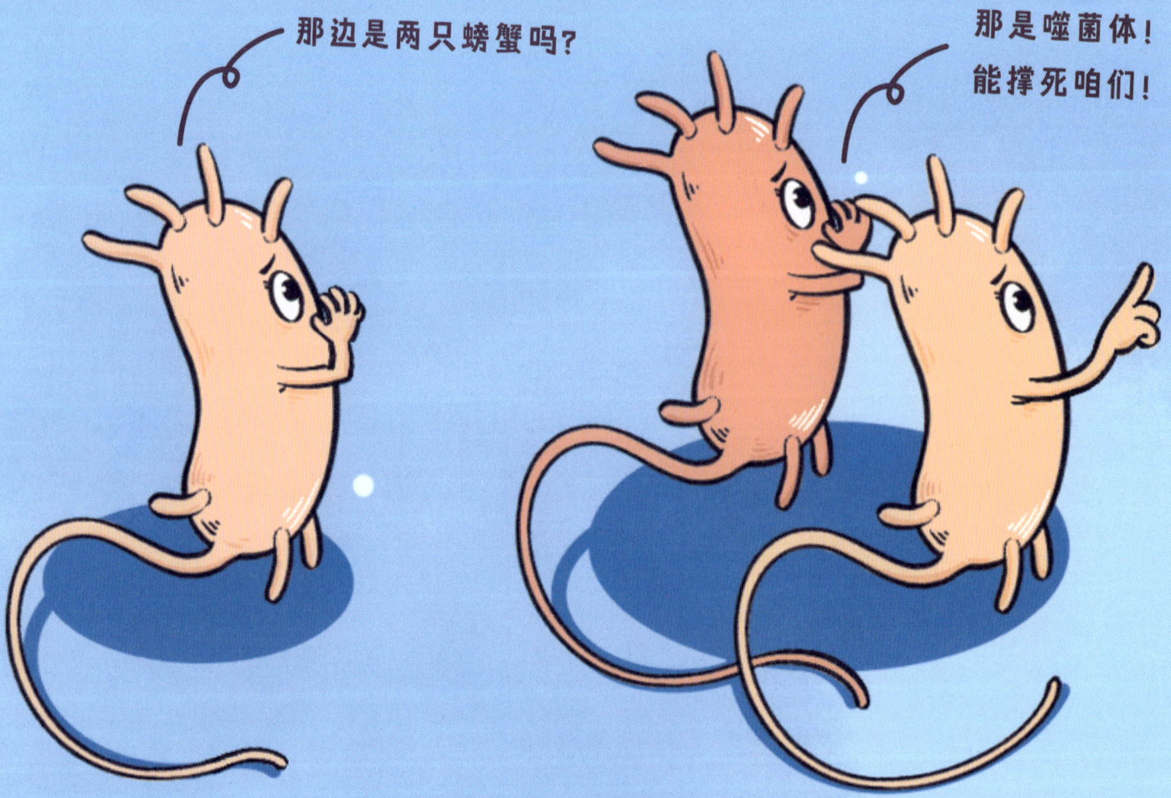

不过，细菌在与噬菌体长达二三十亿年的对抗中，也进化出了自己的一套防御策略。

如果有个别细菌侥幸在噬菌体的攻击中存活了下来，它们就会把这些噬菌体的一些基因片段插入自己的基因组里，牢牢“记住”这些可怕的敌人。而将这些敌人的 DNA 排列在一起的区块就是 CRISPR。

那么，细菌又是如何利用 CRISPR 来对抗噬菌体的呢？

CRISPR

CRISPR 的中文全称是“规律间隔成簇短回文重复序列”。它最初是由日本科学家在研究大肠杆菌基因组的时候发现的，但是因为不清楚它的功能，所以只把它当成无意义的随机重复。后来人们才发现，它是细菌与噬菌体之间数十亿年共同进化所留下的“罪犯档案”，记录了不同噬菌体的基因组片段。现有证据表明，50% 的细菌都在其基因组中含有 CRISPR 序列，而在古菌当中这个比例更是高达 90%。

在回答这个问题之前，我们先来了解下 CRISPR 的原理。

早期的研究者们猜测，CRISPR 的原理或许与 RNA 干扰有关。生物学家在 20 世纪 90 年代就发现了 RNA 干扰现象。

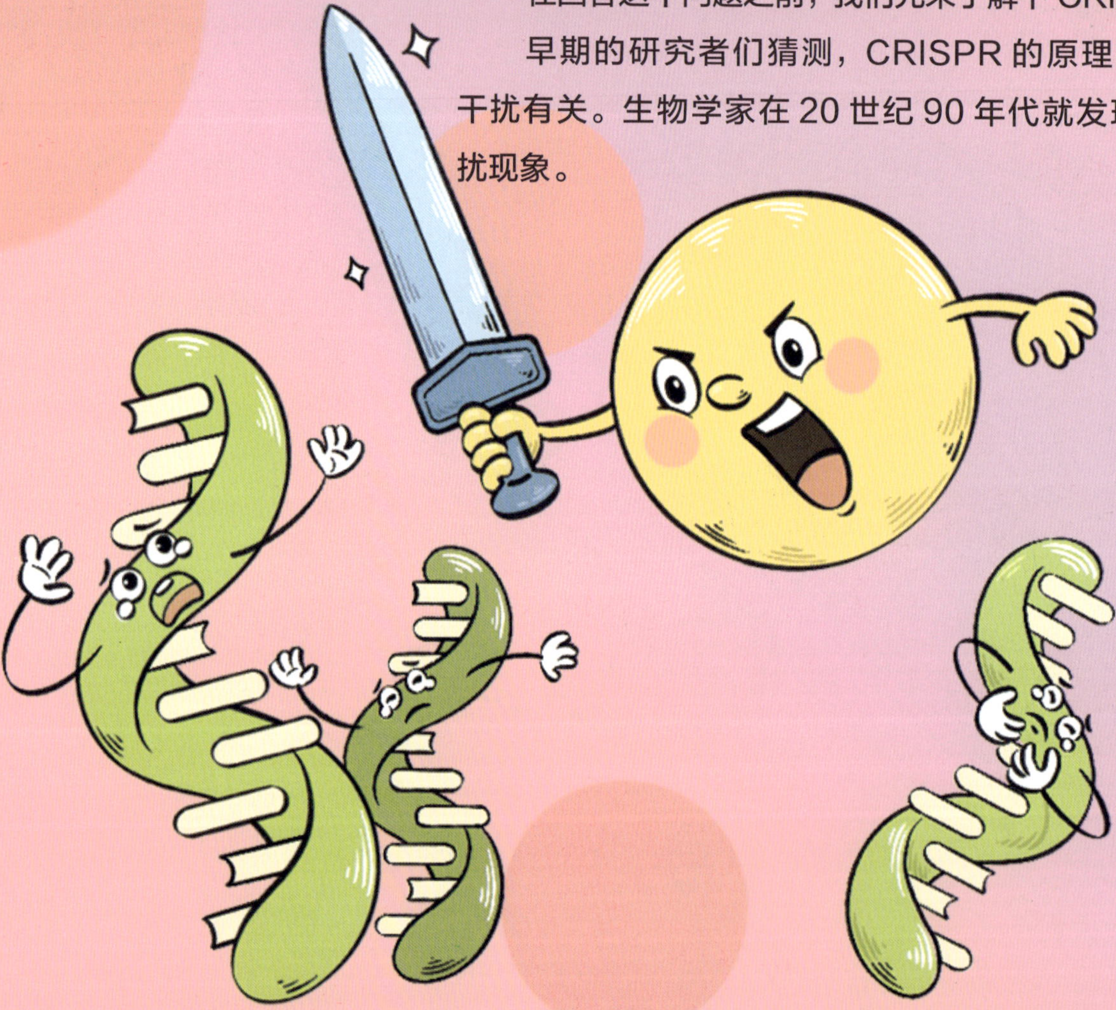

有些生物的细胞中会出现一些短小的 RNA 片段，这些片段一旦与信使 RNA 匹配之后，就会让一种叫作 Dicer 的酶把信使 RNA 切断，于是相应的蛋白质就无法合成出来了。这一现象被称为 RNA 干扰。

在RNA干扰方面做出了关键性贡献的科学家是美国生物化学家珍妮弗·杜德纳。

2006 年，研究 CRISPR 的科学家找到了杜德纳，希望她能帮忙搞清楚 CRISPR 是如何产生 RNA 干扰的。一直从事 RNA 研究的杜德纳立刻就被细菌这种神奇的防御机制吸引，并投身于这个现象的研究。

科学家们很快就发现，CRISPR 是通过一类叫作 Cas 的酶来切断噬菌体的 DNA 双链的，这样一来，入侵者就无法生产出正确的噬菌体蛋白质了。

但问题在于 Cas 酶总是能准确找到噬菌体 DNA 的特定位置，这种“精确制导”能力又是如何实现的呢？

2011 年，杜德纳与法国微生物学家埃玛纽埃勒·沙尔庞捷开始了合作。

她们共同发现，原来细菌会根据 CRISPR 里记录的噬菌体 DNA 序列来生产一些与之匹配的小段 RNA。

这些小段 RNA 就像是探测器一样，一旦 CRISPR 中记录过的噬菌体再次入侵，这些探测器 RNA 就会与噬菌体的 DNA 匹配上，并引导 Cas 酶切断噬菌体 DNA。

不过 Cas 酶是一个大家族，在不同细菌中发现的 Cas 酶也各不相同。

有些 Cas 酶“个头”太大，有些 Cas 酶的活性不足。

最后杜德纳的团队选择了一种来自化脓性链球菌的 Cas 酶，称为 Cas9。这种酶像一把锋利的剪刀，专门用来切断 DNA。根据杜德纳和沙尔庞捷发表的论文，他们在实验中利用 CRISPR/Cas9 这套组合，成功地在溶液中切断了一个指定的基因，证明了它作为一个基因编辑器的能力。

其实，CRISPR/Cas9 这套组合很像是一枚导弹。根据 CRISPR 复制出来的小段 RNA 就像是导弹的导引头，它能够引导着导弹飞向目标 DNA。

而 Cas9 酶就像是导弹里的炸药，一旦接近目标，就会对 DNA 起到彻底的破坏作用。

于是，很快就有人意识到：这套组合可以升级成为一项生物技术，用来破坏活细胞基因组内的 DNA。

2013 年 1 月，几个研究团队几乎同时发表论文，展示了用 CRISPR/Cas9 这枚“反 DNA 导弹”来破坏人类细胞基因组中特定基因的方法。

他们都用到了杜德纳和沙尔庞捷当初设计的一种被称为“向导 RNA”的混合型 RNA 分子。正因如此，杜德纳和沙尔庞捷两人在 2020 年获得了诺贝尔奖。

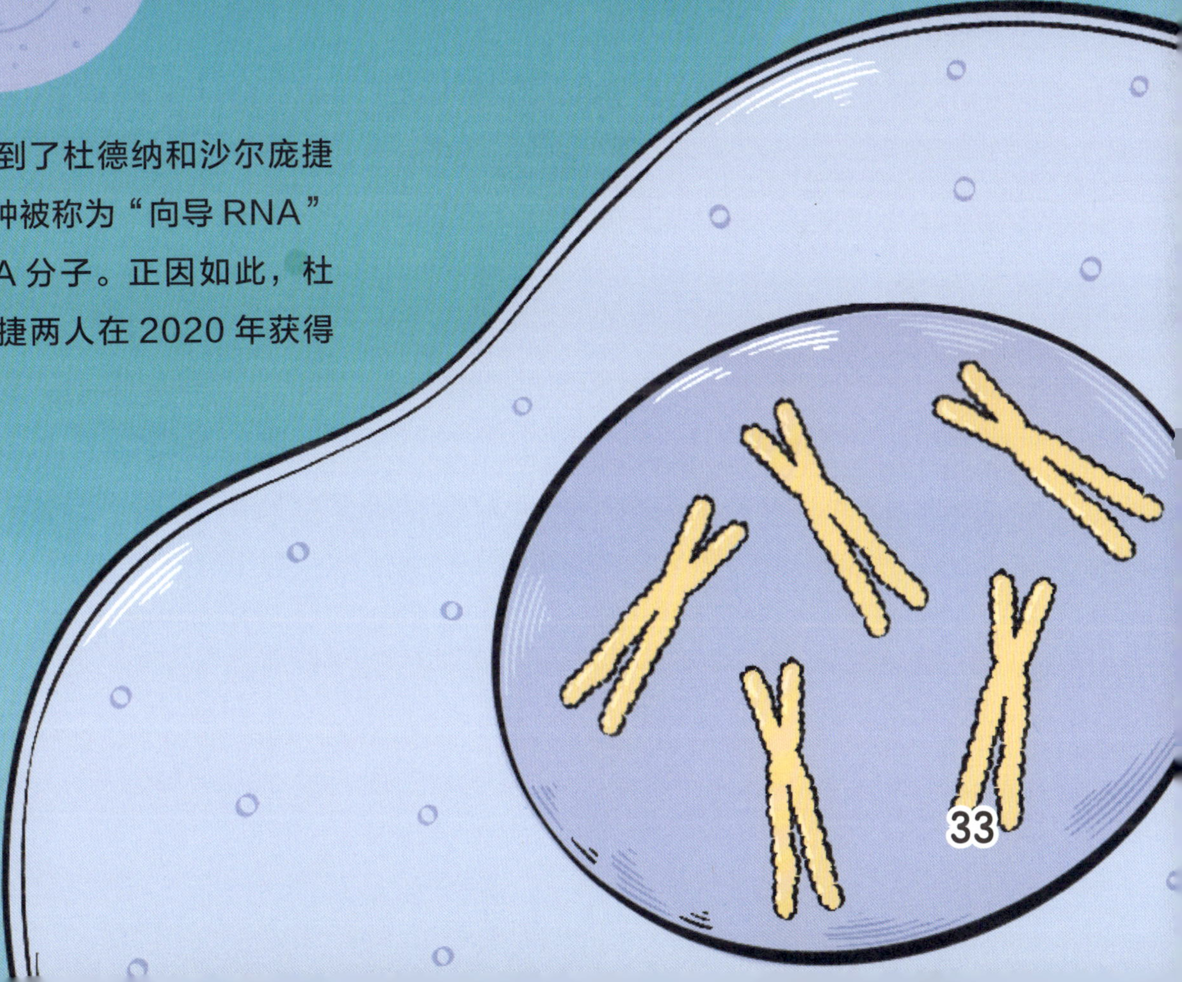

如今，以 CRISPR/Cas9 为基础的基因编辑技术已经有了长足的发展。

当我们想破坏一个基因时，只要设计出与之匹配的向导 RNA，就能让 CRISPR/Cas9 找到这个基因并切断它。

如果再配合一些其他技术，还能够对切断后的基因进行一些修改，甚至是增添一个新的基因。这就像是在文本编辑器里对一段文字进行编辑一样，可以随意对指定基因进行删除、修改、插入，所以将其称为“基因编辑”恰如其分。

CRISPR/Cas9 是在细胞层级发挥作用的，当我们想要获得一种经过基因编辑的动物时，就要在它的受精卵中进行操作。

如果编辑成功，那么随着这个受精卵不断分裂，基因组也会不断复制到新细胞中。

最终诞生出来的动物身上的每一个细胞都带有我们编辑过的基因。

细菌内部的环境相对简单，而动植物细胞内存在结构复杂的细胞核，所以有可能发生“找不到”或“剪不动”的情况。

与之相比，更可怕的一种情况是“乱下剪子”，也就是向导 RNA 与基因组中别的基因错误地结合，导致那些无辜的基因被破坏了，这种现象被称为“脱靶”。

目前我们认为 CRISPR/Cas9 技术的脱靶风险非常小，如果应用于动物或植物，即便出现了失败的实验品也不会有严重的问题。

如果将基因编辑技术应用于人体，就要非常谨慎了。

比如在受精卵的基因编辑中出现了脱靶现象，最终诞生的这个人体内就可能隐藏着被破坏的基因，说不定在生命的某个时刻就会影响他的健康。

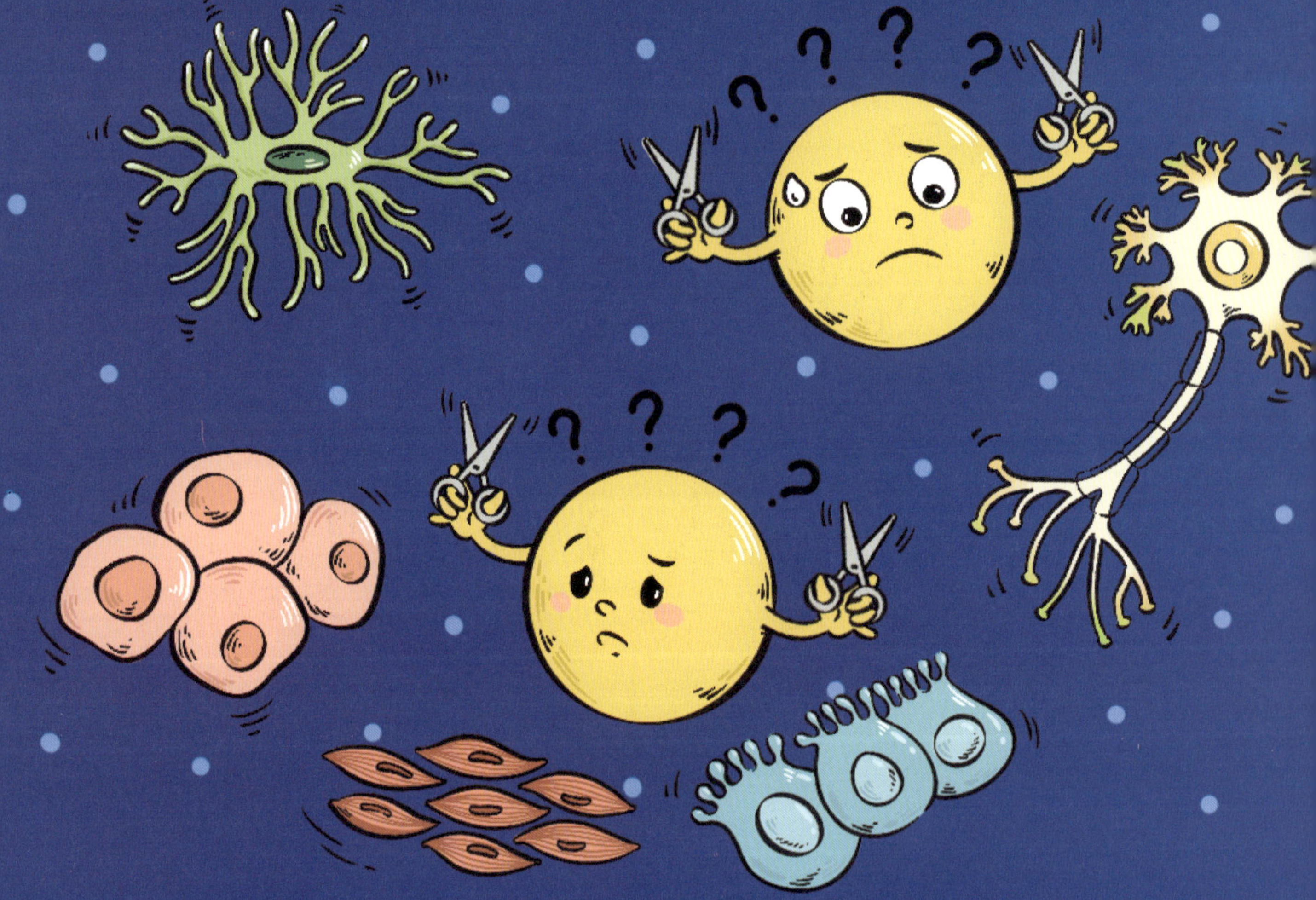

对于人类来说，基因编辑的挑战在于：人身上的细胞太多了，这就有可能找不准目标细胞。比如本该送到肌细胞里去做基因编辑的 CRISPR/Cas9，却意外地进入了神经细胞。

还有一种情况，比如目标是肝细胞，但结果只有不到一半的肝细胞内转入了 CRISPR/Cas9，其他肝细胞则毫无变化。

即便有种种挑战，近年来还是有一些前沿的试验性研究采用 CRISPR/Cas9 技术成功治愈了几种罕见遗传病的病人，其中一个著名的例子就是治疗由血红蛋白基因突变所导致的镰状细胞贫血。

科学家通过基因编辑来修正造血细胞中的基因错误，已经成功让病人重新制造出了正常的红细胞。

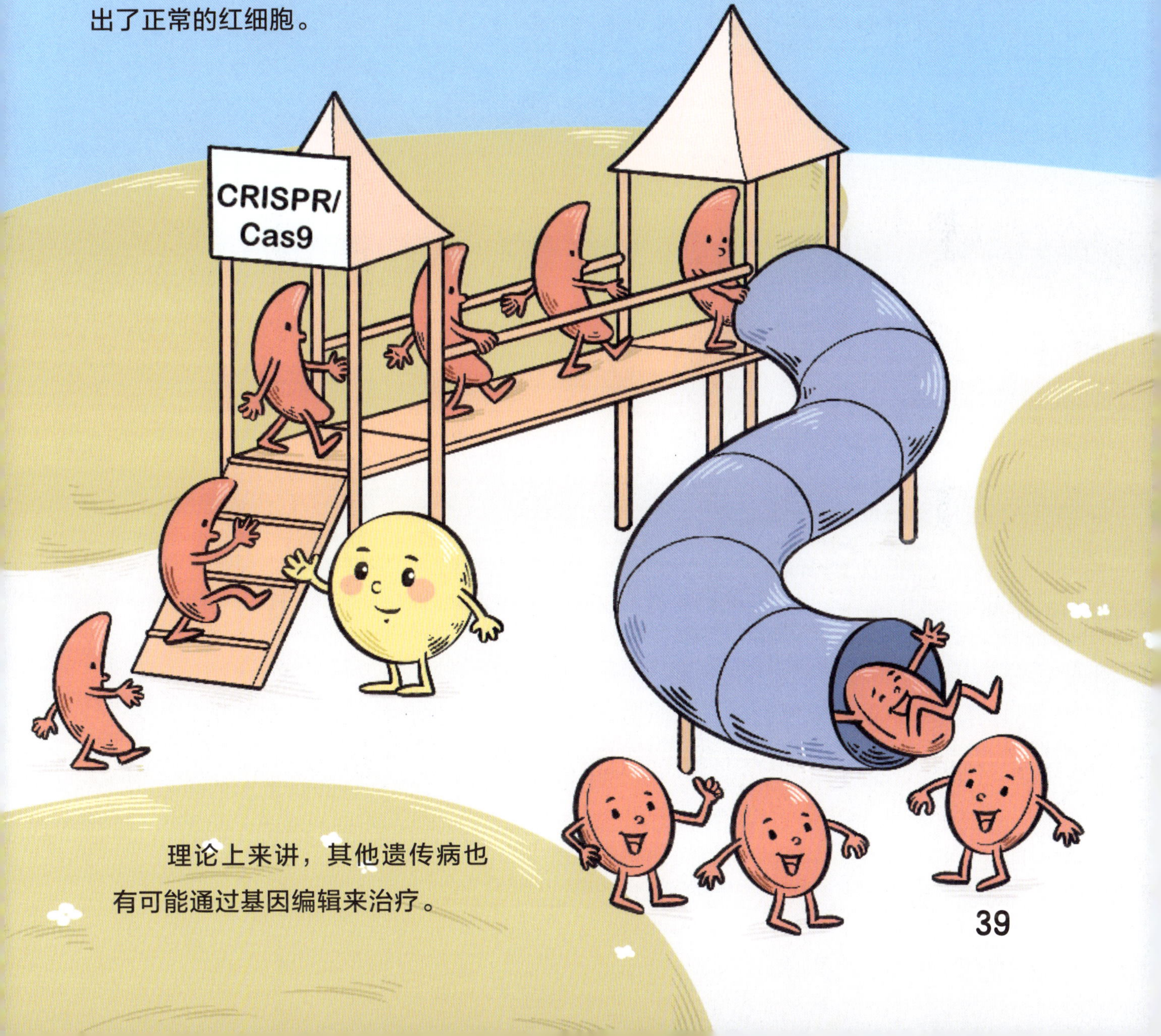

理论上来讲，其他遗传病也有可能通过基因编辑来治疗。

因后天发生基因突变导致的癌症等疾病，未来也有望通过基因编辑来治疗。

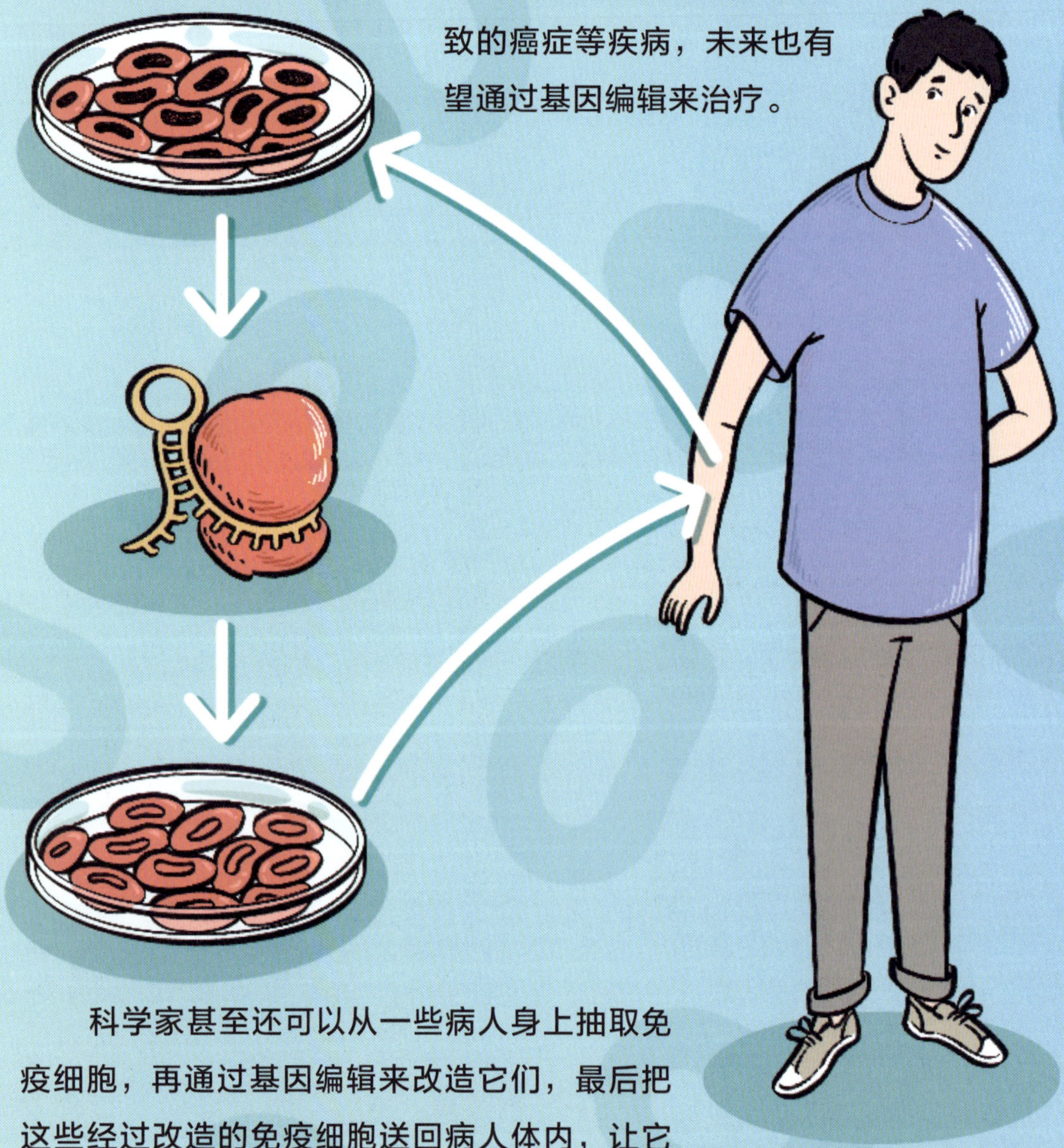

科学家甚至还可以从一些病人身上抽取免疫细胞，再通过基因编辑来改造它们，最后把这些经过改造的免疫细胞送回病人体内，让它们来杀死有问题的细胞，从而解决疾病问题。

基因编辑在其他领域也已经有了应用成果。

比如，有人通过基因编辑去除了牛头上长角的基因，免去了小牛接受切角的痛苦；有人通过基因编辑改造了疟蚊，让它不再传播疟疾；有人通过基因编辑改造了西红柿，让其变得不再那么容易腐烂；还有人通过基因编辑改造了狗，让它们能长出更强壮的肌肉，适应一些特殊的任务场景。

对于农作物，可以通过基因编辑高效而准确地删除基因或引入基因，其效率比传统的辐射育种要高得多，也更有目的性。

改造后的农作物有可能获得更强的抗病虫能力，更好地适应严酷的种植条件，或是获得更高的产量，从而解决我们的粮食问题。还有些农作物或细菌通过基因编辑，可以获得全新的生物功能，甚至能为我们生产下一代的清洁能源。

自从地球上出现生命以来，基因的变异、交换、插入，每时每刻都在发生。

传统的人工育种实质上是在加速自然界的变异过程，而基因编辑只不过是一种更快、更精准的变异手段而已。只要我们在应用基因编辑技术时遵循伦理规范和相关法规，未来这种技术一定会得到越来越广泛的应用。

说不定，有一天同学们在学校里不仅会有编程课，还会有基因编辑课呢！

历史上 10 位标志性的基因科学家

查尔斯·达尔文

英国博物学家、地理学家、生物学家，他根据对自然界的观察以及亲自开展的人工育种实验，系统性地提出了“进化论”，著有《物种起源》等伟大的科学著作。

格雷戈尔·孟德尔

奥地利－捷克生物学家、天主教修道士，开创性地通过豌豆杂交实验发现了遗传定律，并提出遗传信息是颗粒化的，称为遗传因子，这一发现后来被称为基因。

詹姆斯·沃森

美国分子生物学家、遗传学家，与弗朗西斯·克里克共同提出了 DNA 双螺旋模型，因而获得 1962 年的诺贝尔生理学或医学奖。

弗朗西斯·克里克

英国生物物理学家，与詹姆斯·沃森共同提出了 DNA 的双螺旋模型，因而获得 1962 年的诺贝尔生理学或医学奖。他还独立提出了生命遗传信息的“中心法则”（至今仍是生物学中最重要的法则之一）。

罗莎琳德·富兰克林

英国化学家、结构生物学家，她首次获得了 DNA 双螺旋的清晰 X 射线衍射图样，为沃森和克里克提出双螺旋模型奠定了坚实的实验证据基础。后因罹患卵巢癌而英年早逝，错失诺贝尔奖。

凯利·穆里斯

美国生物化学家，发明了稳定实用的聚合酶链式反应（PCR）技术，并因此获得了 1993 年的诺贝尔化学奖，这一技术被认为是将现代生命科学研究带入了一个全新发展阶段。

石野良纯

日本生物学家，他首次发现了细菌基因组中的 CRISPR 区域，不过他当时并不知道这个区域与细菌对抗噬菌体的免疫机制有关。

珍妮弗·杜德纳

美国生物化学家、生物物理学家，她在 RNA 结构与功能研究方面做出了卓越贡献，并因对 CRISPR/Cas 系统的研究而获得了 2020 年的诺贝尔化学奖。

埃玛纽埃勒·沙尔庞捷

法国生物化学家，她因为在 CRISPR/Cas 系统的研究方面做出的贡献而获得了 2020 年的诺贝尔化学奖。

乔治·丘奇

美国合成生物学家，他开创了基因组工程领域，在世界上首次人工合成了一种新细菌的全部基因组，因而被认为是人造生命方面的先驱。

如何成为一名基因科学家？

观察大自然，热爱大自然，敬畏大自然

虽然人类有了基因编辑的能力，但我们也不可能凌驾于大自然之上。我们仍然要向大自然学习，要敬畏大自然，小心地寻找改造生命的可能性。

学好数学

很多人误以为生物学只是观察生物、记录生物，与公式和计算无关。然而正如孟德尔通过统计实验结果发现了遗传定律一样，数学早就已经成为了生物学研究中的重要工具。特别是随着基因组时代的来临，要想研究基因科学，就不可能绕过数据科学，这就需要你具备一定的数学功底。

熟练掌握编程语言与 AI 工具

人工智能（AI）技术近年来有了跨越式的发展，并与生物学等学科产生了融合。基因编辑中的向导 RNA 和 Cas 酶都已经有了 AI 的设计算法。虽然 AI 在短时间内还不可能超越人类，但是能够熟练掌握 AI 工具的人一定会在未来的竞争中占据优势。

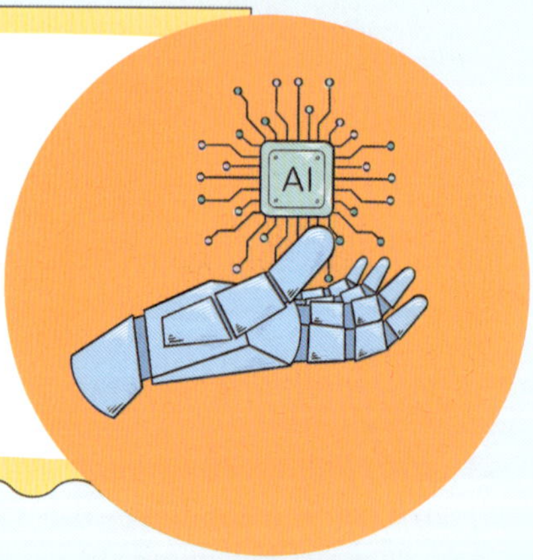

培养动手能力

生物学与其他学科的一个巨大区别就在于，它更加注重实验。而生物学实验由于涉及复杂的生命体，实验结果非常容易受到干扰，因此对于操作方面的要求就很高。基因编辑的实验尤其复杂，更需要你从小就培养较强的动手能力。

擅长沟通，具备团队精神

现代生物学是一个综合学科，需要运用各方面的知识，开展跨学科的实验研究。任何一个人都难以全面掌握，因此必须要与他人合作。在生物学领域内，基因编辑就涉及遗传学、表观遗传学、生物化学、分子生物学、细胞生物学等多个分支，更不要说生物学之外的其他学科了。只有具备了优秀的沟通与团队协作能力，你才能完成复杂的基因编辑任务。

发挥想象力

基因编辑旨在改造生命，需要在基因组数十亿对碱基的信息海洋中探索，这多多少少需要一定的想象力。如果要成为一名“基因编辑师”，那么请你在学习的过程中一定要充分发挥想象力。

后记

在这个日新月异的科技时代，每一刻都充满了惊喜与挑战。小朋友们是未来的主人翁，他们充满了对这个世界的好奇心与探索欲。引导小朋友们正确认识科技、理解科技，激发他们对科学的热爱与追求，我们责无旁贷。

正是基于这样的考虑，我欣然接受了湖南科学技术出版社与我的老朋友——《中国日报》张周项记者的邀请，为《我是未来科学家》系列绘本担任主编。作为《第一推动丛书》的出版者，湖南科学技术出版社在我国科普界具有崇高的声誉。希望我们这套绘本，也能配得上这份历史性的声誉，甚至对它有所增益。

我为这套绘本做的第一件事，是跟邹莉编辑与张周项记者等人商定 10 个前沿领域主题。太空探索、人工智能、基因编辑、新能源、脑科学、芯片、种子……都是引人入胜而且对现实十分重要的新兴科技。当然，还有我最熟悉的量子信息。

我为这套绘本做的第二件事，是努力为本系列的各个主题邀请到相应领域的资深专家执笔。

例如复旦大学生命科学学院退休教授顾凡及先生，是我十分尊敬的科研界与科普界老前辈。他在退休后做了大量的脑科学科普，而且从不人云亦云，对许多热门消息发表过冷思考，如欧盟的人脑计划与马斯克的神经联结公司。最有趣的是，他的这些冷思考多次得到事实的验证。因此由他来担纲解读脑机接口，在质量上就有天然的保证。

又如我的中国科学技术大学师弟——中国科学院国家空间科学中心研究员周炳红博士，他是真正的航天专家，尤其是在火箭推进剂方面。他关于推进剂在失重条件下流动性的研究，对“长征五号”复飞有重要贡献。他和李明涛等同事还研究小行星防御，提出了“以石击石”的新型战略，引起国内外很多媒体的轰动。与此同时，周炳红老师也十分热爱科普，入选了“中国航天科普大使”。实际上，他的科普工作从一开始就是跟我一块做的。由他来解读太空探索，自然再合适不过。

由于篇幅关系，无法在这里对每一位作者都做详细的介绍。但我们可以确定，每一位作者在相应的领域都是响当当的专家。这是我们这套绘本最大的底气所在，是值得向所有人推荐的。

我为这套绘本做的第三件事，是自己作为作者，撰写量子科技分册。在此，我要特别感谢张周项记者，他不但自告奋勇地担任了这套绘本的执行主编，还组织了一支优秀的插画团队。书中的插图既准确又生动，表明他们确实下了很大的工夫来理解量子信息这样深奥的科技，令人十分动容！

每一个领域的专家，其实都能够下笔万言。但为了让小朋友轻松阅读、高效吸收，我们精心将每册内容凝练至适宜篇幅，并融入大量生动有趣的插图。此外，每一册最后都会列出九至十位在此领域做出重要贡献的科学家，还有一个问答：如果你想成为这个领域的科学家，你该怎么办？希望这些编排，能够激发更多小朋友对科技的热情。

《我是未来科学家》系列绘本，是我们为小朋友精心准备的一份礼物。希望通过这套绘本的陪伴与引导，小朋友们能够更加勇敢地面对未知，更加积极地探索世界，成为未来科技的引领者与创造者。让我们一起点亮未来之光，探索科技的无限可能吧！

袁岚峰

图书在版编目（CIP）数据

我是未来科学家. 改写生命的神奇剪刀 / 袁岚峰主编 ; 叶盛著. -- 长沙 : 湖南科学技术出版社, 2024. 12.

ISBN 978-7-5710-3309-5

Ⅰ. Z228.1; Q78-49

中国国家版本馆 CIP 数据核字第 2024N5T353 号

WO SHI WEILAI KEXUEJIA GAIXIE SHENGMING DE SHENQI JIANDAO

我是未来科学家 改写生命的神奇剪刀

主　　编：袁岚峰

执行主编：张周项

著　　者：叶　盛

绘　　者：李筱甜

出 版 人：潘晓山

责任编辑：邹　莉　刘羽洁

出版发行：湖南科学技术出版社

社　　址：长沙市芙蓉中路一段 416 号泊富国际金融中心

网　　址：http://www.hnstp.com

湖南科学技术出版社天猫旗舰店网址：

http://hnkjcbs.tmall.com

邮购联系：本社直销科 0731-84375808

印　　刷：长沙市雅高彩印有限公司

（印装质量问题请直接与本厂联系）

厂　　址：长沙市开福区中青路 1225 号

邮　　编：410153

版　　次：2024 年 12 月第 1 版

印　　次：2024 年 12 月第 1 次印刷

开　　本：889 mm×1230 mm　1/16

印　　张：3.25

字　　数：23 千字

书　　号：ISBN 978-7-5710-3309-5

定　　价：35.00 元